EMOTIONALE INTELLIGENZ FÖRDERN

Methoden mit denen Sie Ihren EQ boosten

Für die Arbeitswelt   50MINUTEN.de

EMOTIONALE INTELLIGENZ FÖRDERN

Methoden mit denen Sie Ihren EQ boosten

Verfasst von Maïlys Charlier

Übersetzt von Leonie Kremer

Für die Arbeitswelt   50MINUTEN.de

50MINUTEN.de

NEUER SCHWUNG
FÜR IHRE KARRIERE

Erfolg durch Leadership

Konstruktives Feedback

Die Macht der Körpersprache

Zielführendes Projektmanagement

www.50Minuten.de

EMOTIONALE INTELLIGENZ

- **Ziel:** seine Emotionen besser kontrollieren, um sein Potenzial voll auszuschöpfen und seine Erfolgschancen zu erhöhen
- **Anwendung:** Emotionale Intelligenz ist ein größerer Erfolgsgarant als außergewöhnlicher Intellekt.
- **Arbeitskontext:** Gruppenarbeit, Teammanagement, Bewerbungsgespräch
- **FAQ:**
  - Welchen Einfluss kann Stress auf meine Gefühle haben und wie gehe ich damit um?
  - Warum ist Empathie eines der Schlüsselelemente für das Entwickeln des EQ?
  - Mit welchen Kompetenzen kann ich mich im Unternehmen weiterentwickeln?
  - Wie kann ich mir ein starkes Gefühl wie Wut zu Nutze machen?
  - Wie kann ich einem Mitarbeiter konstruktive Kritik zu seiner Arbeit geben?
  - Wie kann ich meine Emotionen dazu nutzen, mich zu motivieren?

> Bei meiner vorherigen Arbeitsstelle habe ich mich nicht respektiert gefühlt und nichts dagegen getan. Ich habe nie etwas gesagt, bis zu dem Tag, als ich mit meiner Vorgesetzten an einem Stand bei einem Event arbeitete und sie zu weit gegangen ist. Dann ist mir der Kragen geplatzt. Ich war unausstehlich und habe meine Chefin vor den Kunden angeschrien. Sie hatte mich in den letzten Wochen so sehr zur Weißglut gebracht, dass ich nicht mehr an mich halten konnte und ihr in genau diesem Moment alles an den Kopf geworfen habe, was ich von ihr hielt. Zwei Tage später erhielt ich die Kündigung. Rachel, Verwaltungsassistentin einer Non-Profit-Organisation

Im Jahr 1996 hat der Begriff „emotionale Intelligenz" (EI) dank des äußerst erfolgreichen Werks des amerikanischen Psychologen Daniel Goleman (geboren 1946) an Bekanntheit gewonnen. Er unterscheidet zwei Formen von Intelligenz, emotionale und rationale, die jeweils mit dem emotionalen Quotienten (EQ) bzw. Intelligenzquotienten (IQ) gemessen werden.

Goleman zufolge macht sich emotionale Intelligenz dadurch aus, eigene, fremde und Gruppengefühle identifizieren, bewusst machen und kontrollieren zu können. Der EQ misst also, inwieweit eine Person ihre persönlichen Fähigkeiten (Empathie, Vertrauen, Motivation etc.) und ihre Sozialkompetenzen (Kommunikation, zwischenmenschliche Beziehungen etc.) ausnutzt.

Für den amerikanischen Psychologen sind der emotionale und der Intelligenzquotient nicht inkompatibel, sondern lediglich zwei verschiedene Mittel die Intelligenz einer Einzelperson zu messen. Wie auch beim Intelligenzquotienten basiert seine Theorie darauf, dass Menschen mit einem bestimmten emotionalen Quotienten geboren werden und dass bestimmte Stärken und emotionale Neigungen vom genetischen Erbe abhängen. Also hat jeder Mensch eine andere emotionale Intelligenz. Während es äußerst schwierig ist, seinen IQ anzuheben, existieren für den EQ zahlreiche Methoden, mithilfe derer man seine emotionale Intelligenz verbessern kann. Diese Methoden helfen nicht nur dabei, sich seiner eigenen Gefühle bewusst zu werden und sie zu kontrollieren, sondern auch die von anderen zu entschlüsseln und sich dementsprechend zu verhalten. Emotional intelligent zu sein ist also jedem möglich.

Heutzutage und vor allem in der Arbeitswelt halten viele den EQ als genauso bedeutend wie den IQ. Goleman fügt hinzu, dass emotionale Intelligenz darin besteht, seine Gefühle auf zielführende und effiziente Weise auszudrücken, um mit seinen Kollegen am gemeinschaftlichen Ziel harmonisch zusammenzuarbeiten. Daraus folgt: Je mehr man dazu in der Lage ist, seine Emotionen zu kontrollieren (Stress, Traurigkeit, Wut, Intuition etc.), desto besser kann man mit seinem Umfeld interagieren. Eine empathische Teamleitung kann den Stress ihrer Mitarbeiter vermutlich leicht reduzieren und für mehr Elan sorgen, womit gleichzeitig – indem sie ihre Emotionen gezielt einsetzt –das Leaderpotenzial gesteigert wird. Aus diesem Grund fällt es einer Person mit hohem emotionalem Quotienten leichter, im Team zu arbeiten. Goleman zu-folge vervielfacht die emotionale Intelligenz die intellektuellen Fähigkeiten; sie ist wie ein unsichtbarer, aber entscheidender, Faktor für außergewöhnliche Leistung.

Wie kann man also seine Emotionen besser kontrollieren und damit sein Potenzial und seine Erfolgschancen maximieren? Wie misst man emotionale Intelligenz überhaupt?

EMOTIONALE INTELLIGENZ: DIE GRUNDLAGEN

WAS IST EMOTIONALE INTELLIGENZ?

Herkunft und Definitionen

Im Jahr 1983 stellte der amerikanische Erziehungswissenschaftler Howard Gardner seine Theorie der multiplen Intelligenzen vor. Unter diesen Intelligenzformen ist eine, die sich auf zwischenmenschliche Beziehungen bezieht. Diese interpersonale – oder soziale – Intelligenz ermöglicht es dem Individuum, zu handeln und auf korrekte Weise zu reagieren. Sie ermöglicht Empathie, Zusammenarbeit und Toleranz, sowie die Lösung von Problemen, die mit Beziehungen zu anderen verbunden sind. Sie ist charakteristisch für Leader und Organisationstalente.

Tatsächlich definiert wird emotionale Intelligenz jedoch erst in den Arbeiten von Peter Salovey (geboren 1958) und John D. Mayer (geboren 1953) am Anfang der neunziger Jahre. In ihren Werken definieren die beiden Psychologen die EI als eine Form der Intelligenz, die von der Fähigkeit ausgeht, seine eigenen Gefühle und Emotionen und die von anderen zu kontrollieren, sie voneinander zu unterscheiden und diese Information dazu zu nutzen, seine Gedanken und Taten zu orientieren.

Daniel Goleman, ein klinischer Psychologe, inspirierte sich an dieser Forschung und brachte den Begriff in seinem 1995 veröffentlichen Buch *Emotional Intelligence: Why It Can Matter More Than IQ* mit ein. In diesem Werk definiert der Psychologe EI als die Fähigkeit, seine eigenen, fremde und Gruppenemotionen zu identifizieren, bewusst zu machen und zu kontrollieren. Diese Definition wurde im darauffolgenden Jahr von Salovey und Mayer vervollständigt, die EI als Fähigkeit definieren, Emotionen wahrzunehmen und auszudrücken, sie aufzunehmen, um Gedanken zu vereinfachen, Emotionen zu verstehen und zu widersprechen, sowie seine eigenen Emotionen und die von anderen zu beeinflussen. Der Ausdruck „emotionaler Quotient" entstand am Ende der neunziger Jahre in den Werken von Reuven Bar-On (geboren 1944), der als erster einen Ansatz entwickelte, diese Intelligenz zu messen. Er konzentrierte seine Überlegungen auf die Thematik des Leistungs- und Erfolgspotenzials, indem er sich auf verschiedene gesellschaftliche und emotionale Fähigkeiten bezog, wie Selbstbewusstsein, gute Aufnahmefähigkeit und guter Ausdruck, Bewusstsein für andere, Umgang mit starken Emotionen, erfolgreiche Konfliktlösung und Anpassungsfähigkeit. Er definiert emotionale Intelligenz also wie folgt: Die Intelligenz beschreibt eine Anhäufung von Fähigkeiten und Kompetenzen. Das Adjektiv „emotional" verdeutlicht dabei, dass sich diese besondere Art der Intelligenz von der kognitiven unterscheidet. Für Bar-On kann emotionale Intelligenz mithilfe von Seminaren und Therapien verbessert werden.

Bar-On entwickelte 1997 den ersten EQ-Test, den Bar-On EQ-i. Die Testperson muss auf 133 Aussagen antworten („In meinem Alltag sind mir meine Emotionen oft peinlich", „Ich merke schnell, wenn ich angelogen werde", „Wenn ich ein Problem mit jemandem habe, fällt es mir leicht, ihn darauf anzusprechen" etc.), die sich auf Alltagssituationen beziehen. Der Teilnehmer hat für seine Antworten eine Skala von 1 bis 5. Wenn der Fragenkatalog durchgearbeitet ist, rechnet der Computer den QE des Kandidaten aus, indem er sich auf die folgenden fünf Punkte stützt:

intrapersonal

interpersonal

Angepasstheit

Stressmanagement

allgemeine Stimmungslage

Jeder dieser Punkte besteht aus fünfzehn Komponenten, wie Selbstbehauptung, Stresstoleranz und Impulskontrolle.

Im Beruf

Später entwickelte Daniel Goleman das Konzept des emotionalen Quotienten weiter und übertrug es auf das Bildungs- und Berufsumfeld. Der amerikanische Psychologe ist der Meinung, dass emotionale Intelligenz den beruflichen und privaten Erfolg begünstigt. Außerdem fügt er hinzu, dass Kinder durch EI weniger aggressiv seien und in ihrem späteren Leben bessere Entscheidungen treffen würden. In seinem Buch *Working with Emotional Intelligence* (1998) führt er noch das Konzept des „resonanten Leaderships" an, das die Fähigkeit beschreibt, seine Teammitglieder auf dieselbe emotionale Wellenlänge zu bringen und sie durch Optimismus und Enthusiasmus in Einklang zu bringen und anzutreiben. Im Gegensatz dazu verursacht das dissonante Leadership ein toxisches emotionales Umfeld.

ZUSATZINFORMATION: EMOTIONALE INTELLIGENZ UND LEADERSHIP

Was macht einen guten Leader aus? Für effizientes Leadership muss man sein Team motivieren und bei seinen Mitarbeitern positive Emotionen hervorrufen können. Ein guter Leader schafft es, bei jedem Einzelnen das Beste zum Vorschein zu bringen. Zudem erkennt er ihre Stärken und schafft es, sie gewinnbringend zu nutzen. Für den Leader ist es deshalb besonders essentiell, Stress zu bewältigen und Konflikte zu antizipieren, damit er sein Team keiner Negativität aussetzt, was ansonsten die Zusammenarbeit am gemeinsamen Ziel gefährden kann. Aus diesem Grund sollte man an der Entwicklung seiner emotionalen Intelligenz arbeiten, wenn man seine Leadership-Kompetenzen ausbauen möchte.

Eine ausgeprägte emotionale Intelligenz zeigt sich für Goleman im Arbeitsumfeld in einem starken Selbstbewusstsein, effizientem Selbstmanagement, aber auch in erhöhtem Bewusstsein von anderen und der Organisation von sozialen Beziehungen. Der Psychologe zieht eine direkte Verbindung zur Neurologie und ist davon überzeugt, dass die Launen und Handlungen eines Teamchefs einen direkten negativen oder positiven Einfluss auf seine

Mitarbeiter haben. Wenn also eine Einzelperson Signale sendet, können diese die Ausschüttung von Hormonen, den Herzrhythmus und sogar in einigen Fällen das Immunsystem einer anderen Person beeinflussen. Dies nennt er „interpersonale limbische Regulierung".

Der Neurowissenschaftler Elkhonon Goldberg (geboren 1946) geht in seinen Arbeiten Anfang der 2000er Jahre sogar noch weiter. Er differenziert die rechte Gehirnhälfte, die zum Lernen, für Innovationen und dem Entdecken dient, von der linken Gehirnhälfte, die für das Speichern und Analysieren von Informationen zuständig ist. Auch bei der Verarbeitung von Emotionen haben beide Bereiche unterschiedliche Rollen: Die linke Gehirnhälfte verarbeitet positive Gefühle und die rechte negative. Goldberg zieht daraus den Schluss, dass eine Person wahrscheinlich weniger kreativ und innovativ ist, wenn sie mit vielen negativen Emotionen beschäftigt ist, weil ihre rechte Gehirnhälfte bereits zu beansprucht ist. Deshalb ist es ausschlaggebend, seine Emotionen, besonders im Arbeitsumfeld, kontrollieren zu können.

Bedeutung der Theorien

Auch wenn die einzelnen Theorien einige Unterschiede aufweisen, stimmen sie alle in einem Punkt überein: Emotionale Intelligenz kann entwickelt werden, am besten durch Seminare und Trainings.

Außerdem sind sich alle einig, dass Erfolg nicht allein vom Intelligenzquotienten abhängt. So werden zwei Personen mit einem identischen IQ nicht automatisch das gleiche Bildungsniveau erreichen und den gleichen beruflichen Erfolg haben, da das ebenfalls durch den emotionalen Quotienten bedingt ist. Schon 1944 hat der Psychologe David Wechsler (1896-1981) die These aufgestellt, dass Menschen mit dem gleichen IQ sich stark in ihrer Fähigkeit, ihre Umwelt zu verarbeiten, unterscheiden können. So ist auch für Daniel Goleman der EQ ein besserer Indikator für akademischen und beruflichen Erfolg als der IQ. So wie der Begriff des Intelligenzquotienten sehr umfassend ist – man spricht von wirtschaftlicher, mathematischer etc. Intelligenz – kann man auch davon ausgehen, dass auch die emotionale Intelligenz in Zukunft weiter erforscht werden wird und es auf diesem Feld noch viel zu entdecken gibt.

ZUSATZINFORMATION

Emotionale Intelligenz ist in Berufsfeldern wie Personalmanagement, Teammanagement und im Unternehmertum unerlässlich. Ebenso fällt es Menschen mit gesteigerter emotionaler Intelligenz leichter, eine Gehaltserhöhung zu verhandeln. Das sagt auch ein amerikanisches Sprichwort: „IQ gets you hired, but EQ gets you promoted" („Man wird aufgrund seines IQs eingestellt, aber wegen seines EQs befördert").

Verschiedene Theorien

Da das Konzept der emotionalen Intelligenz noch recht neu ist, bestehen noch mehrere hinsichtlich ihrer Funktionsweise miteinander konkurrierende Modelle.

- **Für Salovey und Mayer ist die emotionale Intelligenz nicht nur durch Emotionen, sondern auch durch Kognition messbar** (die auf Lernfähigkeit und Erinnerung basiert). Ein Teil des emotionalen Quotienten basiert demnach auf der Erfahrung, dank der man reagieren kann und Emotionen wahrnimmt, ohne sie jedoch zu verstehen. Diese Dimension ist vergleichbar mit Reflexen.

- **Laut Daniel Goleman interagieren Emotionen und Motivation** (geleitet von Überlebens- und Fortpflanzungsbedürfnissen). Der Psychologe entwickelt vier Konzepte: Selbstbewusstsein, Selbstbeherrschung, gesellschaftliches Bewusstsein und Organisation von Beziehungen. Auf dieses Modell wird sich im Folgenden bezogen.
- **Reuven Bar-Ons Modell basiert auf dem Konzept der emotionalen und sozialen Fähigkeiten**. Für ihn vereint emotionale Intelligenz Fähigkeiten und Kompetenzen, die sich durch Fortbildungen oder Therapie entwickeln können. Bar-On unterscheidet fünf Komponenten der emotionalen Intelligenz: intrapersonal, interpersonal, Anpassungsfähigkeit, Stressmanagement und die allgemeine Stimmungslage.

EMOTIONALE KOMPETENZEN FESTSTELLEN

Der erste Schritt bei der Entwicklung seiner emotionalen Intelligenz besteht darin, seine eigenen emotionalen Kompetenzen und die von anderen identifizieren zu lernen. Erst eine eingehende Selbstreflexion ermöglicht die Arbeit mit seinen Emotionen (Vertrauen, Empathie, Optimismus etc.), um seine zwischenmenschlichen Beziehungen zu verbessern. Es ist wichtig, sich zuerst mit regelmäßig auftretenden negativen Gefühlen zu beschäftigen (Wut, Eifersucht, Frustration, Neid, Angst etc.) bevor man mit diesem Wissen an seinen Kompetenzen arbeiten kann.

Dafür muss man sich bewusst werden, dass eine Emotion eine Reaktion auf eine Veränderung zwischen dem Menschen und seiner Umwelt ist. Dem zufolge könnte Wut eine Reaktion auf Ungerechtigkeit oder eine Beleidigung sein, sowie Angst eine Reaktion auf Gefahr und so weiter. Diese Emotionen führen zu verschiedenen Verhaltensweisen, wie Flucht, Angriff oder Verschlossenheit. Mit einem ausgeprägten emotionalen Quotienten können Sie sich also besser in Gruppen integrieren, andere besser verstehen etc. Das alles sind Fähigkeiten mit denen man eine erfolgreiche Karriere bestreiten und gleichzeitig ein stabiles und erfülltes Privatleben führen kann.

Die Liste der emotionalen Kompetenzen, über die man verfügt oder die man erreichen kann, ist lang und von Mensch zu Mensch unterschiedlich. Nichtsdestotrotz sind manche darunter aber essentiell für einen erhöhten emotionalen Quotienten. Jede Kompetenz oder Emotion wird nach dem Vorbild von Goleman in vier Kategorien aufgeteilt: Selbstbewusstsein, durch das man sich besser kennenlernt; Selbstmanagement, womit man jede berufliche Situation meistern kann; Bewusstsein für andere, mit dem man andere und ihre Emotionen erfahren kann; und die Organisation zwischenmenschlicher Beziehungen, die ermöglicht, Emotionen andere zu beeinflussen.

Selbstbewusstsein

- **Selbstvertrauen**: Selbstvertrauen geht mit Entspannung einher. Gegenüber einer sicheren Person fühlt sich der andere beruhigt. Zudem scheut eine selbstbewusste Person keine Schwierigkeiten, denn nichts scheint ihr unüberwindbar.
- **Bewusstsein für seine Emotionen**: Es geht darum, seine eigenen Emotionen zu identi-

fizieren und zu verstehen. Wenn man sich seiner Emotionen bewusst wird, lernt man auch leichter seine Stärken, Schwächen und Grenzen kennen. Ganz intuitiv wird man sich dann so verhalten, dass man bestmögliche berufliche Leistungen erzielt.

- **Selbstreflexion**: Wenn man sich selber bewertet, kann man seine Stärken und Schwächen mit mehr Abstand betrachten. Diese Fähigkeit des Relativierens bedeutet gleichzeitig, dass man gewillt ist, an seinen Schwächen zu arbeiten. Als Nebeneffekt wird man ebenfalls kritikfähiger.
- **Selbstregulierung**: Die Fähigkeit, sich selbst zu beherrschen, besteht darin, seinen Impulsen nicht nachzugeben, sondern ein inneres Gleichgewicht zu behalten. Dazu gehört auch, sich zu entspannen und sich besser zu organisieren.
- **Intuition**: Mit Intuition kann man zahlreiche Konfliktsituationen antizipieren und vermeiden, sowie den richtigen Zeitpunkt für eine Diskussion oder eine Tat ermitteln.

Selbstmanagement

- **Impulskontrolle**: Durch diese Fähigkeit kann man sein Verhalten je nach Situation leichter anpassen.
- **Selbstbeherrschung**: Gute Selbstbeherrschung hilft dabei, in jeder Situation einen kühlen Kopf zu bewahren.
- **Selbstachtung**: Wie man sich selber wahrnimmt beeinflusst die Wahrnehmung, die andere von einem haben. Deshalb ist Selbstachtung so gemein wichtig.
- **Anpassungsfähigkeit**: Mit Anpassungsfähigkeit handelt man in jeder Situation effizient und kann mehrere Aufgaben gleichzeitig managen, ohne den Überblick zu verlieren.
- **Motivation**: Jemand, der motiviert ist, ergreift eher Initiative, zeigt Ausdauer und arbeitet effizient.
- **Durchhaltevermögen**: Eine ausdauernde Person tut alles dafür, ihre Ziele zu erreichen und ist somit eher imstande sie zu verwirklichen als andere.
- **Stresstoleranz**: Wenn der Körper gestresst ist, sendet er Stresssignale, die dann andere beeinflussen könnten. Außerdem verbraucht Stress wertvolle Energie.

- **Optimismus**: Eine optimistische Person hat einen positiven Einfluss auf ihr Gegenüber und gibt selbst bei Rückschlägen niemals auf.
- **Flexibilität**: Flexibel zu sein, ist unabdingbar, wenn man mit Herausforderungen oder Veränderungen im Unternehmen konfrontiert wird.
- **Eigeninitiative**: Eine Person, die selbstständig die Initiative ergreift, kann andere mit ihrer positiven Energie beeinflussen und die treibende Kraft für neue Ideen sein. Diese Fähigkeit führt – und provoziert regelrecht – neue Möglichkeiten herbei.

Bewusstsein für andere

- **Empathie**: Empathie hilft dabei, sich auf sein Gegenüber einzustellen, ihm zuzuhören und Ungesagtes zu entschlüsseln. Empathische Menschen können besonders gut zuhören und verstehen.

TIPP FÜR ANGESTELLTE

Wenn man häufig in Teams arbeitet, sollte man besser lernen, Krisensituationen zu antizipieren, indem man die Launen seiner Kollegen beobachtet, um Konflikte zu vermeiden. Achten Sie also darauf, dass

Sie sich mit allen Teammitgliedern gut verstehen und sie gut kennen, damit Sie sich an jede Situation – konfliktgeladen oder nicht – anpassen können.

- **Durchsetzungsfähigkeit**: Dies ist die Kunst, zu kritisieren und Kritik anzunehmen, Nein sagen zu können, ehrlich zu sein und dabei sich selbst treu zu bleiben. Einem Menschen mit dieser Fähigkeit fällt es leichter eine Botschaft zu vermitteln, selbst wenn diese negativ ist.
- **Aufgeschlossenheit**: Offen sein bedeutet freundlich zu sein und mit positiver Einstellung die Ideen anderer zu betrachten.

Organisation von zwischenmenschlichen Beziehungen

- **Beziehungen**: mit anderen auskommen, sie beeinflussen und mit ihnen kommunizieren
- **Problemlösung**: Jemand, der gut darin ist, Konflikte zu lösen, fördert den Austausch und die Verhandlung. Die Person setzt alles daran, eine Lösung für ein Problem zu finden, und zeigt sich aufmerksam gegenüber den Bedürfnissen der anderen.

- **Einfluss**: Einfluss ist von größtem Nutzen, wenn man sein Team von etwas überzeugen will.
- **Gruppenarbeit**: Fähigkeit, die anderen Gruppenmitglieder zu motivieren und an einem gemeinsamen Ziel zu arbeiten

TIPP FÜR UNTERNEHMER

In Übereinstimmung mit Golemans Erkenntnissen beweist auch eine Studie des *Journal of Small Business & Entrepreneurship*, dass Unternehmer ihren Erfolg hauptsächlich den folgenden Kompetenzen zu verdanken haben: Selbstvertrauen, Anpassungsfähigkeit, Dienstleistungsbereitschaft und Bereitschaft zur Teamarbeit.

EMOTIONALE INTELLIGENZ IM UNTERNEHMEN

Noch einmal als Erinnerung: Ein ausgeprägter emotionaler Quotient ist ein unbestreitbarer Vorteil im Beruf, denn so fällt es einem Angestellten nicht nur leichter, seinen Platz im Team und Unternehmen zu finden, sondern auch die Karriereleiter zu erklimmen.

In *Working with Emotional Intelligence* hebt Daniel Goleman hervor, dass der EQ in Zukunft Einfluss auf den Arbeitsmarkt haben wird, denn einige Kompetenzen, wie beispielsweise Resilienz, Eigeninitiative und Anpassungsfähigkeit, werden unersetzlich werden.

Der amerikanische Neurobiologe Jaak Panksepp (geboren 1943) stellte im Jahr 2012 eine Verbindung zwischen bestimmten Emotionen und Arbeitsmotivation her. Wenn die Intensität des Reizes einen gewissen Schwellenwert überschreitet, gelangt man ihm zufolge von einem „motivierten Zustand" zum Empfinden einer starken Emotion. Weiterhin definiert der Neurobiologe vier große Emotionen, die sich direkt auf die Arbeitsmotivation auswirken. Sie beeinflussen die individuelle Kreativität und Neugierde.

- **Suche** weckt Freude und damit Kreativität, Lust auf Neues und Weiterentwicklung.
- **Furcht** provoziert Traurigkeit, was dazu führen kann, soziale Kontakte zu verlieren.
- **Wut** bedingt Aggressivität, die – wenn sie richtig kanalisiert wird – nützlich für die Verteidigung oder den Fortschritt eines Projekts sein kann.

- **Panik** löst Fluchtverhalten aus oder Bewegungslosigkeit, ein passives Verhalten oder auch Widerstand.

<u>ACHTUNG!</u>

In manchen Situationen kann man Wut nur schwierig beherrschen. Negative Gefühle stauen sich auf und schwirren im Kopf herum, bis man eines Tages explodiert. In so einem Fall sollte man schriftliche und mündliche Kommunikation strikt vermeiden. Gehen Sie für zwanzig Minuten nach draußen, um sich abzuregen (diese Zeit benötigen Körper und Kopf, um sich zu beruhigen). Das Ziel dabei ist, dass Sie Ihre emotionale Anspannung loswerden, bevor Sie erneut den Dialog suchen.

TOP TIPPS

- Lernen Sie Ihre Stärken und Schwächen kennen. Wenn Sie über Ihre Stärken Bescheid wissen, können Sie sich leichter auf sie stützen. Ihre Grenzen lassen sich besser abstecken, wenn Sie Ihre Schwächen kennen.
- Trauen Sie sich! Je mehr Sie sich zutrauen, desto selbstbewusster werden Sie und desto weiter können Sie über Ihre Grenzen hinauswachsen. Wenn Sie sich ins Unbekannte stürzen, erhalten Sie die besten Ergebnisse.
- Lernen Sie, Vorzeichen von Wutausbrüchen, Angstanfällen oder anderen Situationen, die Spannungen verursachen, frühzeitig zu erkennen. Je schneller Sie Signale erkennen, die Ihre Anspannung auslösen, desto eher bleiben Sie Herr Ihrer Gefühle.
- Bleiben Sie aufgeschlossen. Je offener Sie gegenüber anderen Menschen sind, desto empathischer werden Sie.
- Suchen Sie den Dialog. Idealerweise verhindert gelungene Kommunikation Konflikte. In konfliktträchtigen Situationen wird der Gegenüber eher bereit sein zu verhandeln, wenn Sie ihm aktiv zuhören.

ZUSATZINFORMATION: EMOTIONALE INTELLIGENZ UND NONVERBALE KOMMUNIKATION

Zur emotionalen Intelligenz gehört auch das Verstehen nonverbaler Kommunikation. Es geht nicht nur darum, sie bei anderen zu analysieren, sondern sich auch über seine eigene Körpersprache bewusst zu werden. So können Sie effizienter Ihre Botschaften mit Gesten übermitteln und gleichzeitig die Emotionen Ihres Gesprächspartners besser verstehen.

- Lernen Sie aus Erfahrungen. Übernehmen Sie Verantwortung für Ihr Handeln und erkennen Sie Ihre Fehler an. So können Sie sich offener zeigen und sich selbst besser kennenlernen.

> „Ich habe aus meinen Fehlern gelernt. Wenn ich heute ein Problem habe, äußere ich mich erstmal nicht dazu. Ich weiß, dass ich meine Wut nicht gut unter Kontrolle habe und schnell genervt bin, deshalb ziehe ich es vor, zu warten, bis ich mich beruhigt habe, um dann ruhig über das Problem zu sprechen. Rachel, Verwaltungsassistentin einer Non-Profit-Organisation

- Seien Sie optimistisch! Es ist einfacher, Lösungen zu finden und sich auf das Gute in Ihrem Gegenüber (und sich selbst) zu konzentrieren, wenn man optimistisch ist.
- Wachsen Sie über sich hinaus! Je mehr Sie sich nach außen öffnen, desto eher können Sie andere positiv beeinflussen.
- Erkennen Sie Ihren eigenen Wert. Erstellen Sie eine Liste mit Ihren Kompetenzen, Kontakten und erfolgreich abgeschlossenen Projekten. Auf diese Weise boosten Sie Ihr Selbstwertgefühl.
- Entspannen Sie sich. Je ruhiger Sie sind, desto offener ist Ihr Gegenüber einem Gespräch. Beruhigt zu sein hält Stress fern und verringert so das Risiko unkontrollierter emotionaler Ausbrüche.

> Beruflich gesehen hatte ich in der Vergangenheit viele Schwierigkeiten, weil ich es zuließ, dass sich familiäre Probleme auf meine Karriere auswirkten. Ich steckte mitten in einer Lebenskrise und hatte keine allzu große Meinung von mir selbst; ich ließ mich sehr von der Kritik meines Umfelds beeinflussen. Seit ich an mir arbeite, fühle ich mich besser und habe ein größeres Selbstvertrauen. Ich hatte schon mehrere Jobangebote und

habe eine Stelle gefunden, die für mich damals überhaupt nicht in Frage gekommen wäre. Weil andere mich jetzt als selbstbewusster wahrnehmen, scheinen sie mir auch mehr zu vertrauen.
Tom, Hotelangestellter

FAQ

WELCHEN EINFLUSS KANN STRESS AUF MEINE GEFÜHLE HABEN UND WIE GEHE ICH DAMIT UM?

Wenn wir gestresst sind, senden wir Stresssignale an unser Umfeld, die dieses wiederum negativ beeinflussen. Von einer zunächst unbedeutenden Kleinigkeit gelangen wir zu einer angespannten und wenig komfortablen Situation. Stress verbraucht außerdem sehr viel Energie, was uns in wirklich schwierigen Momenten deprimieren kann. Es bringt uns zudem auch davon ab, unsere Emotionen zu beherrschen: Eine angespannte Situation führt also leicht zu einem Gefühlsausbruch und multipliziert das Konfliktpotenzial.

TIPP: ENTSPANNUNGSMETHODEN FÜR DIE ARBEIT

Es gibt mehrere Entspannungsmethoden, die man an seinem Arbeitsplatz anwenden kann, um Stress besser zu verarbeiten.

- Wenn Sie spüren, dass Ihr Stresspegel ansteigt, machen Sie eine Pause, verlassen Sie Ihren Schreibtisch und machen Sie einen Spaziergang.
- Ein einfacher Trick, den man oft vergisst, ist ausreichend Wasser trinken. Denn Stress und Dehydrierung sind eng miteinander verbunden!
- Sich auf seine Atmung zu konzentrieren, hilft, Spannungen zu reduzieren. Atmen Sie tief ein und langsam wieder aus, indem Sie die Luft aus dem Bauch strömen lassen. So wird sich Ihr Herzschlag schnell normalisieren und Ihr Nervensystem nach und nach beruhigen.
- Strecken Sie sich, strecken Sie Ihre Beine, Ihre Arme und lassen Sie Ihren Kopf kreisen.
- Achten Sie darauf, ob Ihre Augen ermüden. Sie sind nicht dafür gemacht, mehrere Stunden auf einen Computerbildschirm gerichtet zu sein, umso wichtiger ist es deshalb, sie so oft wie möglich auszuruhen. Dafür gibt es zwei Methoden: Schließen Sie Ihre Augen und legen Sie Ihre Hände auf die Augenlider. Durch die Dunkelheit und Wärme können Sie

sich schnell erholen. Die andere Variante besteht darin, imaginär mit den Augen mehrere Unendlichkeitszeichen in die Luft zu zeichnen.

WARUM IST EMPATHIE EINS DER SCHLÜSSELELEMENTE FÜR DAS ENTWICKELN DER EI?

Empathie ermöglicht, seinen Mitmenschen besser zuzuhören, sie besser zu verstehen und ihre Reaktionen besser zu antizipieren. Wenn man empathisch ist, entwickelt man auch eine offene Geisteshaltung und Durchsetzungsfähigkeit. Je empathischer man ist, desto weniger fokussiert man sich auf sich selbst, wodurch man besser in Dialog mit anderen treten kann.

MIT WELCHEN KOMPETENZEN KANN ICH MICH IM UNTERNEHMEN WEITERENTWICKELN?

In seinen Untersuchungen hat Daniel Goleman vier Kompetenzen für beruflichen Erfolg hervorgehoben: Selbstvertrauen, Anpassungsfähigkeit bzw. Resilienz, Eigeninitiative und die Fähigkeit zu Zusammenarbeit. Diese Eigenschaften sind aktuell nötig, um auf dem Arbeitsmarkt weiterzukommen. Dem Neurobiologen Jaak Panksepp zufolge ist es hauptsächlich die Suche, die Kreativität und Motivation hervorruft, die beide in der Arbeitswelt häufig gefordert werden.

WIE KANN ICH MIR EIN STARKES GEFÜHL WIE WUT ZU NUTZE MACHEN?

Eine starke Emotion hat ein großes Handlungspotenzial. Aber um aus einer starken Emotion heraus zu handeln, muss man sich ihrer bewusst werden und sie kontrollieren können. Demnach kann Wut verheerende Auswirkungen auf die Arbeit haben, doch wenn sie richtig kanalisiert wird, kann sie sich durchaus in produktive Energie umwandeln. Mit einer gewissen Aggressivität kann man ein Projekt besser verteidigen oder sich leichter schwierigen Aufgaben stellen.

WIE KANN ICH EINEM MITARBEITER KONSTRUKTIVE KRITIK ZU SEINER ARBEIT GEBEN?

Kritik wird am besten empathisch gegeben und erklärt: Beachten Sie die Emotionen Ihres Gesprächspartners sowie Ihre eigenen. Wenn Sie sich in die andere Person hineinversetzen, können Sie ein ehrlicheres Gespräch führen und Ihre Botschaft besser übermitteln.

Konkret sollten Sie Sätze formulieren, die mit „ich" und nicht mit „du" anfangen, um zu vermeiden, dass sich Ihr Gegenüber durch Ihre Kritik angegriffen fühlt. Zum Beispiel ist die Formulierung „Ich möchte deine Aufmerksamkeit haben" besser als „Du hörst nicht zu!". Das ermöglicht außerdem einen offenen Dialog: Die andere Person erhält die Möglichkeit, auf Ihre Empfindung zu reagieren und auch ihre eigene Sicht der Dinge darzulegen. Sie wird sich nicht so fühlen, als würden Sie an ihr zweifeln, sondern verstehen, dass sie es besser machen kann.

WIE KANN ICH MEINE EMOTIONEN DAZU NUTZEN, MICH ZU MOTIVIEREN?

Vier Emotionen haben einen negativen oder positiven Einfluss auf die Motivation und somit auf das Handeln: Suche, Furcht, Wut, Panik. Um sich angesichts einer lästigen Aufgabe selbst zu motivieren und weitermachen zu können, muss man mit seinen Emotionen spielen und versuchen kontrolliert zu fühlen.

Generell ist es das positive Gefühl der Suche, mit dem Sie die nötige Energie sammeln können um wenig motivierende Arbeit zu vollrichten. Versuchen Sie, einen Weg zu finden, der in Ihnen den Wunsch auslöst, es gut zu machen, eine Herausforderung anzunehmen, es hinter sich zu bringen etc.

Furcht, Wut und Panik können sich in bestimmten Situationen ebenfalls als effizienter Antrieb herausstellen. Zum Beispiel, wenn Sie sich über Ungerechtigkeiten aufregen, aber Sie nicht wissen, was Sie dagegen tun können, obwohl Sie gerne etwas unternehmen würden. Sie können versuchen, sich auf Ihre Wut zu konzentrieren und sich von ihr leiten zu lassen. Sie können Ihre Furcht dazu nutzen, sich in ein neues Projekt zu stürzen, das Sie weniger verängstigt aber trotzdem eine Herausforderung darstellt. Ihre Panik kann als Mittel dienen, Mitstreiter für ein gemeinsames Ziel zu finden etc.

Es kommt nur darauf an, sich seiner Emotionen bewusst zu werden und in der Lage zu sein, sie ganz bewusst einzusetzen.

JETZT SIND SIE GEFRAGT!

LERNEN SIE SICH BESSER KENNEN

- Beginnen Sie damit, sich die richtigen Fragen zu stellen. Analysieren Sie am Ende eines Tages Ihr Verhalten: „Warum habe ich auf diese Weise gehandelt?", „Wodurch ist der Konflikt beim Meeting entstanden?", „Habe ich mich missverständlich ausgedrückt?", „War meine Haltung zu verschlossen?", „Habe ich unbewusst falsche Signale gesendet?" etc.
- Bewerten Sie sich am Ende jeder Woche und notieren Sie dazu Ihre Schwächen und Stärken in einem Heft, um Ihr Verhalten mit ein wenig Abstand zu betrachten. Sie werden auf diese Weise Ihre Grenzen, Motivationen und Schwachstellen erkennen. Lesen Sie Ihre Notizen regelmäßig durch, denn so bemerken Sie eine eventuelle Verbesserung direkt und fassen Selbstvertrauen.

LERNEN SIE ANDERE BESSER KENNEN

- Testen Sie, wie gut Sie darin sind, andere zu interpretieren. Stellen Sie dafür den Ton beim Fernsehen aus und versuchen Sie nur anhand der Gesten und Haltung der Personen Rückschlüsse darauf zu ziehen, was sie sagen.
- Führen Sie ein Merkheft über Ihr berufliches Umfeld. Notieren Sie darin abends alles, was Ihnen vom Tag noch im Gedächtnis geblieben ist: Was hatten Ihre Kollegen an? Wer war gut gelaunt? Über was haben Sie sich unterhalten? etc. Dadurch schärfen Sie Ihre Beobachtungsgabe und nehmen Ihr soziales Umfeld bewusster wahr.
- Zwingen Sie sich dazu, auf andere zuzugehen. Sie kennen den Rezeptionisten noch nicht so gut? Dann versuchen Sie, fünf Minuten am Tag mit ihm zu reden. Fragen Sie ihn, wie es ihm geht, und lernen Sie ihn besser kennen.
- Wenn ein nahestehender Mensch eine schwierige Zeit durchlebt, dann versetzen Sie sich in seine Lage hinein. Wie würden Sie reagieren, wenn Sie in der gleichen Situation wären? Warum hat ihr Freund auf diese Art reagiert? Was hat er dabei empfinden können?

EMOTIONEN KONTROLLIEREN

- Stärken Sie Ihr Selbstvertrauen, in dem Sie auf Ihr Äußeres achten. Sorgsam ausgewählte, hochwertige Kleidungsstücke, die Ihrem Beruf angemessen sind, helfen Ihnen dabei, sich selbstbewusster zu fühlen.
- Machen Sie Entspannungsübungen. Wenn Sie ausgeglichener sind, entwickeln Sie eine bessere nonverbale Kommunikation und entsenden keine Stresssignale. Falls Entspannungsübungen oder Yoga nichts für Sie sind, dann machen Sie eine andere Sportart.

TIPP: BENSON-MEDITATION

Diese Methode wurde von Herbert Benson, einem Professor der Harvard University, entwickelt und besteht darin, sich zehn Minuten lang zu entspannen. Wählen Sie ein Wort aus, das Sie mit etwas Positivem verbinden (schön, Liebe, Sonne etc.) und danach ein Bild, das Sie anspricht (Strand, Felder etc.). Schließen Sie dann Ihre Augen, entspannen Sie sich, atmen Sie langsam durch den Bauch ein und denken Sie beim Ausatmen an das ausgewählte Wort und stellen Sie sich das Bild vor.

- Um Ihren Optimismus zu entwickeln, fangen Sie an, Ihre eigenen Stärken und die von anderen wertzuschätzen. Lernen Sie, die guten Seiten in allem zu sehen, auch in schwierigen Situationen. Lachen Sie auch mal über sich selbst!
- Arbeiten Sie an Ihren negativen Emotionen, indem Sie sie antizipieren.

BEISPIEL

Antizipieren Sie Konflikte, indem Sie fiktive negative Situationen im Kopf durchspielen. Stellen Sie sich Ihre Reaktionen und die der anderen vor. So trainieren Sie Ihren Geist dazu, beim nächsten Konflikt oder unerwarteten Problem auf bestmögliche Weise zu reagieren. Genauso können Sie vorgehen, wenn Ihnen eine wichtige Präsentation oder ein entscheidendes Gespräch bevorsteht: Stellen Sie sich die Situation vor und versetzten Sie sich hinein. Ihre fiktive Präsentation wird gut verlaufen. Das konditioniert Ihren Geist dazu, am wichtigen Tag auf Ihre Fähigkeiten zu vertrauen und optimistisch zu sein.

- Lassen Sie sich bei einem Konflikt nicht von Ihren Emotionen leiten. Gewinnen Sie Zeit, indem Sie Ihren Gesprächspartner bitten, seine Aussage neu zu formulieren, hören Sie ihm aufmerksam zu und versuchen Sie zu verstehen, was er von Ihnen erwartet. So behalten Sie einen kühlen Kopf und Ihre Vernunft gewinnt wieder die Oberhand.

TIPP: ALLES EINE FRAGE DER FORMULIERUNG

Versuchen Sie Ihr Anliegen erklärend zu formulieren. Achten Sie auch auf Adverbien der Zeit wie „niemals" oder „immer" und senden Sie Ich-Botschaften, anstatt Ihren Gesprächspartner mit Sätzen anzugreifen, die mit „du" beginnen.

Ihre Meinung ist uns wichtig!
Hinterlassen Sie doch einen Kommentar auf der
Seite unserer Online-Buchhandlung
und teilen Sie Ihre Favoriten in den sozialen
Netzwerken!

DARÜBER HINAUS

LITERATURVERZEICHNIS

- Fauconnier, Flore: „Le quotient émotionnel: passeport pour la réussite" (50.50.2015). In: *Journal du net.* http://www.journaldunet.com/management/0706/quotient-emotionnel/2.shtml (07.20.2019).

- Gardner, Howard: *Frames of Mind: The Theory of Multiple Intelligence.* Basic Books: New York 1983.

- Goleman, Daniel: *Emotional Intelligence: Why It Can Matter More Than IQ.* Bantam Books: New York 1995.

- Goleman, Daniel: *Working with Emotional Intelligence.* Bantam Books: New York 1998.

- Gueret, Cécile: „Cultivez votre intelligence émotionelle" (25.05.2012). In: *Psychologies.com.* https://www.psychologies.com/Moi/Se-connaitre/Personnalite/Articles-et-Dossiers/Comment-developper-votre-intuition/Cultivez-votre-intelligence-emotionnelle (07.02.2019).

- Mayer, John D., et. al: *Emotional Intelligence in Everyday Life: A Scientific Inquiry.* Taylor & Francis: New York 1997.

- Panskep, Jaak; Biven, Lucy: *The Archaeology of Mind: Neuroevolutionary Origins of Human Emotion*. W.W. Norton & Company: New York 2012.

- „Qu'est-ce que l'Intelligence émotionnelle au travail?" In: *Direction - Performance*. http://direction-performance.be/cest-quoi/quest-ce-que-lintelligence-emotionnelle-au-travail/ (07.02.2019).

WEITERFÜHRENDE LITERATUR

- Goleman, Daniel; et. al: *Emotionale Führung*. Aus dem Amerikanischen von Ulrike Zehetmayr. Ullstein Taschenbuch: Berlin 2003.

MEHR AUF 50MINUTEN.DE

- Bronckart, Véronique: *Gewaltfreie Kommunikation. Methoden für die konstruktive Konfliktlösung und professionelle Zusammenarbeit*. Aus dem Französischen von Mareike Lobeck. Plurilingua Publishing: Brüssel 2019.

- Bronckart, Véronique: *Konstruktives Feedback. Tipps zum Geben und Empfangen von konstruktiver Kritik*. Aus dem Französischen von Leonie Kremer. Plurilingua Publishing: Brüssel 2019.

- de Witte, Bertrand: *Erfolg durch Leadership. Tipps zum Motivieren und Inspirieren Ihres Teams.* Aus dem Französischen von Mareike Lobeck. Plurilingua Publishing: Brüssel 2019.

- Martin, Nicolas: *Resilienz entwickeln. Methoden zum Meistern von schwierigen Situationen.* Aus dem Französischen von Leonie Kremer. Plurilingua Publishing: Brüssel 2019.

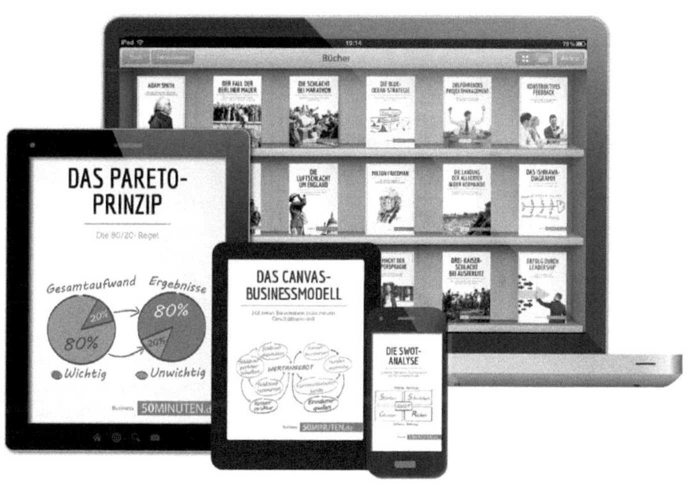
50MINUTEN.de
Geschichte
Business
Für die Arbeitswelt
Non-Fiction kompakt
Gesundheit & Wellness
Kunst und Literatur
DAS PARETO-PRINZIP
Die 80/20-Regel
DAS CANVAS-BUSINESSMODELL
DIE SWOT-ANALYSE
SCHMÖKERN
SIE SICH SCHLAU!
www.50Minuten.de

Die präsentierten Inhalte werden vom Herausgeber überprüft, dennoch übernimmt dieser keine Haftung für die inhaltliche Richtigkeit, Vollständigkeit und Aktualität der vorgestellten Inhalte.

© 50Minuten.de, 2019. Alle Rechte vorbehalten.

www.50Minuten.de

ISBN digitale Ausgabe: 9782808014007

ISBN gedruckte Ausgabe: 9782808014014

Pflichtexemplar: D/2018/12603/459

Cover: © Plurilingua

Digitale Aufbereitung: Primento, der digitale Partner der Herausgeber